Le ciel ne m'inspire plus

milledya

© 2023, Milledya
© Couverture par AnaAriane
Tous droits réservés.

Le Code de la propriété intellectuelle et artistique n'autorisant, aux termes des alinéas 2 et 3 de l'article L.122-5, d'une part, que les « copies ou reproductions strictement réservées à l'usage privé du copiste et non destinées à une utilisation collective » et, d'autre part, que les analyses et les courtes citations dans un but d'exemple et d'illustration, **« toute représentation ou reproduction intégrale, ou partielle, faite sans le consentement de l'auteur ou de ses ayants droit ou ayants cause, est illicite »** (alinéa 1er de l'article L. 122-4). Cette représentation ou reproduction, par quelque procédé que ce soit, constituerait donc une contrefaçon sanctionnée par les articles 425 et suivants du Code de la propriété intellectuelle.

Édition : BoD – Books on Demand, info@bod.fr
Impression : BoD – Books on Demand, In de Tarpen 42, Norderstedt (Allemagne)
Impression à la demande
ISBN : 978-2-3224-8796-7
Dépôt légal : août 2023

J'ÉCRIS

Pour me pardonner
De ne pas avoir cru suffisamment
En ma vie.

J'écris pour moi, pour toi.
Parce qu'on en vaut la peine
Alors, je nous dessine ***un nouveau ciel***…

C'est en créant un livre,
que je me suis consolée,
que j'ai quitté l'idée de te retrouver
pour embrasser la guérison.

Et aujourd'hui,
est venue l'heure de m'écrire.

C'est à travers ce second ouvrage
que je m'ouvrirai pour la première fois,
c'est entre vos mains que je renaîtrai, *enfin*.

Je voudrais dédier ce livre à celle que j'étais en commençant ce livre et à tous les cœurs qui se retrouveront dans ces prochaines lignes…

> « L'amour n'est pas une maladie
> mais ***le cœur guérit, toujours***.
> Tu es ta plus belle histoire.
> Allez, viens avec moi, je te montre… »

Le ciel ne m'inspire plus.

Le ciel n'est plus ce qu'il était. Il retrouve de ses couleurs quand on en perd et se vide de sens lorsqu'on pense s'être trouvé. J'aime voir des signes dans chacun de ses états. Quand il prend une teinte *violette*, j'ai la sensation qu'il me murmure que la paix est en chemin. Quand il est *rose*, il me rassure en me disant que l'amour est à portée de main. Quand il est *gris*, il m'écrit que mes larmes me rendent plus courageuse. Quand il est *noir*, il me montre que l'on peut briller dans le vide. Et quand il est *bleu*, c'est le silence. Comme si c'était à moi de rédiger la suite, de créer cette raison qui me pousserait à sourire dès l'arrivée des éclaircies…

Alors je serai ***ma prochaine inspiration.***
La seule.

À L'ENVERS

Je ne sais plus vivre dans le bon sens…

Gertrude se met souvent sur le dos. Très vite, la panique s'empare d'elle, ses pattes s'agitent. J'imagine que sa respiration s'épuise, alors je la redresse. Pourtant, depuis que nous l'avons recueillie, je ne me souviens pas l'avoir vue longtemps sur le ventre.

Gertrude est une tortue qui se prend pour un chien en voulant nous suivre à la trace, en réclamant une caresse ou deux. Parfois elle se prend aussi pour un humain et essaie de monter les escaliers, en vain. Puis, sans raison aucune, elle se retourne, comme si le monde n'était plus dans le bon sens ou qu'elle n'y trouvait plus d'air.

Je n'ai pas beaucoup d'affection pour elle. Je la vois comme un animal passif qui le restera pendant un siècle après moi. Pourtant je comprends mieux que personne son ressenti, celui de ne plus savoir respirer. Ce sentiment d'avoir perdu, de vouloir ne plus être, de tenter de se sacrifier rien que pour imaginer retrouver ce que l'on a plus.

Je crois que j'ai souvent été sur le dos ces dernières années, avec lui. J'avais la tête sous l'eau, le cœur sous anesthésie. En dépit de sa capacité à se jouer de ma vie, je finissais toujours par le laisser revenir. Je ne savais pas m'arrêter de l'aimer. Je ne le lui avouais pas, car je savais qu'il se serait haï de m'avoir -malgré lui- dotée du poids d'un amour aussi lourd. Alors même si au fond il s'en doutait, il se contentait de m'offrir quelques moments de répit où il me remettait sur le ventre. Il me donnait l'illusion qu'il savait me laisser vivre quand j'étais persuadée que sans lui, je ne saurais pas survivre.

***

Puis un jour, il m'a dit *« tu es un ange »*, j'ai souri car j'ai saisi. S'il pensait à ceux qui sont damnés à ne plus retrouver leurs voies, alors oui.

Sans le moindre doute, je suis un ange. Selon l'humeur de la lune, de la nuit, il m'écrivait que j'étais tout, que j'étais trop. Pourtant je n'ai jamais eu l'impression d'être assez pour lui.

Ce qui nous liait est la raison pour laquelle nous préférions le silence de nos cœurs au bordel de nos vies. Manque de courage. Jamais depuis lui je n'ai rencontré quelqu'un qui savait lire les blancs entre mes lignes. Il ne m'a jamais regardée droit dans les yeux, mais je sais que s'il avait pu le faire, il m'aurait mise à nu. Et moi de même. Comme quoi, dans notre cas, la distance nous a épargnés.

Je sais qu'il ne m'aimait pas. Je comptais, certes, mais rien de plus face à ce que moi j'éprouvais. J'ai toujours eu cette intuition que je n'avais pas tort. J'ai visé juste avec cet homme qui me restera à moitié inconnu. Si nous avions pu nous rencontrer, je suis certaine que la capitale rose aurait tremblé. Je n'aurais peut-être pas survécu, peut-être aurait-il choisi l'indifférence pour contrer ce qu'il ne connaissait pas, alors assurément, *j'aurais volé en éclats.*

Durant les trois années où il a été ma bouée, je n'ai retenu que son frustrant talent ; celui de me couper le souffle en quelques notifications. Que serait-il advenu s'il n'y avait pas tant de kilomètres entre nous pour me préserver ?

Depuis mon plus jeune âge, l'amour me fascine. Aujourd'hui, il me termine. C'est sûrement tout là, l'art du temps. J'ai beaucoup lu à ce sujet. L'amour partagé, non réciproque, la romance de ces âmes qui se retrouvent ou de celles qui s'enflamment. J'ai appris à y croire, mais jamais pour moi. Je n'ai réussi qu'à me l'imaginer. Je pense que rares sont ceux qui le vivent ; enlacer leur moitié, quand d'autres ne font que l'observer, voire à peine la croiser.

Lorsque les plumes s'attardent sur des âmes sœurs, moi, je rêve de ces flammes jumelles. J'ai toujours adoré me brûler les ailes…

Ces âmes qui ne formaient qu'une dans une autre vie, qui se sont séparées pour mieux s'embrasser. Complémentaires tout autant qu'opposées. Une lutte entre faiblesses, égos et cœurs. Ensemble, elles peuvent briller. Seules, elles s'éteindront. C'est cette distinction qui m'a fait lever les yeux vers le ciel. Si deux âmes sœurs peuvent avoir une fin heureuse, les flammes jumelles s'en verront dépourvues. La passion qui les lie est telle, que si on essaie de couper le lien, alors jamais elles ne se sentiront comblées. Leurs projets de vie seront déviés, elles perdront leur destinée…

Je n'ai jamais cru qu'il était mon âme sœur, ni même ma flamme jumelle. Parce que j'ai appris la valeur de chaque battement de mon cœur depuis que je l'ai quitté. J'ai pris connaissance du coût de ma vie. J'ai mis du temps à comprendre que je ne manquais pas d'air sans lui, que c'était d'ailleurs lui qui m'empêchait d'être vraiment libre. Pour lui, je me privais d'une partie de mon essence, je choisissais de m'éteindre pour éclairer sa vie, quitte à oublier la mienne. Je l'ai aimé, trop comme pas suffisamment. Je l'ai mal aimé, peut-être moins qu'il ne m'a jamais aimée…

Quand je suis partie, il ne m'a pas retenue. Et de toute façon, comment aurait-il pu ? J'ai su qu'aussi sincère était mon âme, mes sentiments n'auraient jamais suffi. Le cœur ne gagne pas toujours. L'amour n'est pas plus fort que tout. Au contraire. Il peut le devenir si plusieurs se chargent de le chérir, de le protéger, de faire grandir la flamme, mais lorsqu'on tente -seul.e, pour deux- d'emprisonner une étincelle, de contrôler sa puissance, elle ne peut que finir par vous brûler. Voilà ce qu'il m'a appris. On ne peut pas sauver quelqu'un, encore moins de son propre passé, de ses démons.

En partant, il m'a écrit qu'il aurait dû me prévenir qu'il était un *« crève-cœur »*. Des mois plus tard, ce dernier message qui m'a retourné les entrailles m'a donné une raison de mettre un point final à mon premier recueil. Je ne l'ai pas écrit pour lui, il n'est pas le sujet de toutes mes pages, mais c'était ma manière à moi de le remercier de m'avoir tenu la main, même d'aussi loin, pendant si longtemps.

Deux ans après, personne n'a été aussi fort, personne n'a eu ce cran de vouloir rentrer dans ma vie et d'y rester. Finalement, avec moi, il n'a jamais été le crève-cœur, je l'ai été. Dans ma version de l'histoire, il est seulement celui qui m'a donné une raison de me battre, de m'aimer, quand je voulais m'écrouler et ne jamais me relever. Il m'a donné une raison de me réveiller sans avoir cette terrible idée de ne plus vouloir le faire.

J'ai écrit ce qui m'est arrivé, sans connaître sa version. Je dois me contenter de faire avec ce qu'il m'a laissé, comme cette certitude que je mérite plus que quiconque, de vivre ce genre d'amour qui ne se finit plus ainsi. Ce soir de janvier, quand j'ai fondu en larmes en priant que la douleur passe, que le manque ne me tue pas ; cette nuit-là, *j'ai vu le ciel me rendre mon destin…*

J'espère que comme moi, Gertrude retrouvera sa destinée.

ALLONS VERS

Lever mon verre à ce qui ne sera plus ma terre…

C'est en noircissant des pages que j'ai retrouvé la force de me relever, de vivre. Quand j'ai écrit un livre, qui porte un peu de lui, j'ai prié. J'ai prié pour qu'il ne réagisse pas mais qu'il l'achète quand même, sans le lire. Car s'il me l'avait demandé, j'aurais pu lâcher ma plume dans la seconde. Pourtant le fait de ne pas avoir eu de nouvelles me laisse perplexe. Comme si, inconsciemment, j'attendais encore une quelconque validation de sa part. Un clin d'œil rassurant pour me dire que ça irait, que même s'il n'était plus là, il était fier de ce que j'avais fait de notre complicité.

Je me suis souvent imaginée recevoir une notification de sa part. Sous un pseudo mal choisi, je l'aurais tout de suite reconnu. Depuis que j'ai publié ce recueil au nom d'un cœur crevé, à chaque fois que mon écran s'allume, mes entrailles se serrent. En quelques secondes cet homme que je n'ai finalement jamais vraiment connu, aura toujours ce pouvoir de me mettre à l'envers.

Il ne m'a pas retenue.

Je ne l'ai plus reconnu.

À cet inconnu.

Il a vu mon cœur perdre le rythme,
mon monde se déchirer sous mes larmes
et étouffer d'impuissance.

Il m'a alors hurlé d'écrire,
parce qu'il ne savait rien faire d'autre
pour m'aider que tenter de me lire.
Alors j'ai écrit.
Pour récupérer ma vie.

Il se haïssait de pouvoir lire mes mots dans le bon sens. L'idée que ma plume puisse l'atteindre de trop près, pire, le surprendre, le rendait dingue.

Il l'apprendra avant de peut-être me détester.
Il devinera sûrement que sans mon encre, sa vie sera plus fade. Ou bien il trouvera dans quel sens mes mots doivent vivre, et il m'~~oubliera~~ aimera…

J'ai le mal de mer, si proche du manque de toi mais plus éternel que nos propres vies. L'océan s'est éloigné la dernière fois que j'ai osé relier nos souvenirs, le monde ne veut plus entendre parler de nous, pourtant je ne sais écrire sur rien d'autre. Mon cœur a toujours préféré se noyer dans l'imaginaire, se bercer d'illusions plutôt que de faire face à l'absence de réalité.

— *tanguer.*

des cordes
il en pleuvait des tonnes
pourtant nous n'avions pas bougé.

tu avais l'air étonné
que le ciel pleure à notre place,
pas moi.

je préférais croire
qu'en chacune de ces milliers de larmes,
l'espoir s'excusait,
l'amour nous caressait.

— ***(dé)trempés.***

Il me trouvait lumineuse.

*Alors je me suis **éteinte.***

En quelques mots, il m'avait contrainte à ne plus pouvoir briller s'il n'était plus là.

Oui. Il valait mieux s'éteindre dans l'attente d'un miracle de sa part ou de la mienne. Il valait mieux voler en éclats dans ce frustrant calme qui accompagne un cœur qui se brise. Quand j'ai cru que j'en serais capable, que je pourrais porter mes propres cendres et tout recommencer, il m'en a dissuadé.

Il ne reviendrait pas, alors pourquoi continuer à vivre ? J'ai imploré ces astres tout là-haut, je les ai suppliés de me laisser les rejoindre, j'ai hurlé au ciel que je brillerais plus fort là-bas.

Et comme toutes les fois où le silence m'a prise dans ses bras, j'ai implosé. Si fort que le monde a préféré tourner sans moi. J'étais loin de me douter que l'univers venait pourtant de m'exhausser.

Comme la plus radieuse des étoiles, j'avais dû m'essouffler, mourir pour mieux renaître, avant d'embrasser la supernova que j'ai toujours été.

— *à ton tour de briller.*

Imagine qu'il revienne en ayant mal compris le sens de tes mots, qu'il interprète tes remerciements comme un acte de guerre, qu'il soit prêt à déterrer le passé, à tuer le peu qui vous lie encore ? Il ne le fera pas, mais imagine quand même que tous tes efforts aient été vains, que ta volonté de guérir sans l'oublier ne soit qu'une illusion dérisoire, une manière ridicule d'espérer qu'il revienne en sachant tout ce que tu as choisi de perdre pour lui.

— à commencer par toi.

Quand il est arrivé, il était connu pour être un égoïste qui n'avait plus le temps pour les broutilles que portent l'amour. Puis, devinant notre fin, j'ai voulu mettre ce masque qu'il haïssait tant. Finalement, je l'ai contraint à partir. La lutte entre son cœur et son égo a fait rage, pourtant je n'ai croisé qu'un regard de larmes.

— *renaissance.*

Tu es un ange...

il me l'a dit, dans son dernier cri.

Sa phrase tourne encore dans ma tête, pas seulement parce que c'est l'une des dernières bribes qu'il me reste pour me souvenir de lui. Même si au départ ça m'avait fait sourire, je n'ai réussi qu'à hurler quand la réalité m'a frappée. Était-ce de l'ignorance ou simplement de l'insolence ? Il ne me disait pas que j'étais un ange parce que j'étais belle ou gracieuse, mais parce que s'ils existent des anges qui tombent du ciel et sont damnés à ne plus savoir où aller, alors oui, assurément j'en suis un.

*— **et il le savait.***

Il lui a dit *« tu es un ange »*.
Elle a pleuré.
Elle a volé en éclats, faute de retrouver le ciel.
Et elle aurait voulu lui dire que, lui aussi, il l'avait été le sien.
Mais elle ne voulait pas qu'il puisse retrouver le ciel sans elle…

   Comment être un ange sans elle ?
         — ***Comment être un ange sans ailes ?***

Là d'où je viens, il ne neige pas
pourtant j'ai le cœur sous glace.

L'hiver vit quelque part en moi.
Tu n'aimais pas le froid,
pourtant c'est la seule chose que tu m'as laissé.

*— **cœur bleu***

J'ai un certain penchant pour ces cœurs déjà crevés, ces esprits qui ont empoigné le courage et l'insolence d'une seule main, qui vivent à contre-sens, qui emmerdent la pudeur et refusent de se plier à un bonheur trop simple. Il m'a fait devenir comme ça, il savait que je n'étais pas libre d'être moi, alors à cette vie qui ne pouvait plus rien pour nous, on a fait un doigt d'honneur.

— *ensemble contre le reste du monde.*

Il pleut souvent quand je pense à toi. Je n'ose plus me rappeler le jour où l'on s'est quittés. Peut-être pleuvait-il déjà depuis la veille. Peut-être que le monde entier savait dès nos premiers silences, nos derniers regards, que nos souvenirs ne seraient plus portés que par la pluie. Il n'y a qu'un ciel en plein désarroi pour oser nous évoquer. Je ne cherche plus à t'imaginer mais quand je m'égare, il finit toujours par pleurer.

— ***submergée.***

Je lui ai écrit « *réalise-toi* »,

Il m'a répondu qu'il ne pouvait pas se le permettre,

Mais il m'a fait promettre de le faire pour ceux qui, comme lui, n'avaient plus ce choix.

Maintenant je comprends, il y a des gens qui sont faits pour se réaliser, pour attraper leurs rêves et vivre avec ce petit tout qui fait vibrer leur cœur.

Puis il y a nous, ceux qui doivent se ressaisir, parce que nous n'avons plus le temps de rêver que ça pourrait être vrai, que nous aurions ce droit de poursuivre notre destinée et de vivre une vie dont nous serions les seuls maîtres...

> — *J'espère qu'il ne m'en voudra pas de, moi-aussi, lâcher les (l)armes.*

Quand je l'ai rencontré,
il pleuvait.

Quand je l'ai quitté,
le soleil brillait.

Sans lui,
jamais la paix
ne m'aurait enlacée.

Du temps.
Il en faut pour aller bien.
Il en faut aussi pour aller mal.

J'adore le soleil,
pourtant,
il me donne froid
depuis qu'il me ramène à toi…

Le temps s'est joué de nous. Peut-être n'ai-je pas assez essayé ? Tenté de chasser nos dilemmes, dessiné des étoiles au creux de nos adieux, tracé l'espoir au sein de ta poitrine, chercher la gomme qui efface les sombres souvenirs sur ta peau. J'aurais pu le faire. Ça et bien plus encore. Mais le temps s'est joué de moi en me faisant croire qu'on survivrait longtemps entre un *toujours* et un *jamais*, entre un *ici* et un *là-bas*, entre *mon* monde et le *tien*. J'y ai cru si fort que quand il a fallu s'oublier, j'ai choisi de ne plus compter sur la vie pour m'épargner ton absence.

— ***l'Univers m'a rattrapée.***

Il est de nouveau amoureux

et je dois prétendre être enfin heureuse.

La vie se veut si ironique que l'on pourrait croire que nos cœurs n'ont plus le droit de danser sur le même rythme. Alors quand le sien s'enflammera, le mien se noiera. Le bonheur paraît tellement fragile depuis que le silence nous a enlacés.

J'ai perdu l'habitude de rêver
ce qu'on aurait pu devenir.
L'avenir de mon imaginaire
n'est plus assez fort.

Je t'ai connu,
je t'ai vu
et je t'ai reconnu.

Je sais à quel point tu as essayé d'être meilleur que celui d'hier. Je t'ai vu te battre contre tes démons pour sauver ceux qui portaient ton nom. Je t'ai vu prendre les balles, les encaisser avant de les ramasser. En silence, parce que la colère ne faisait pas le poids face à ta loyauté. Tu disais être égoïste, pourtant tu n'as jamais agi comme tel face à moi. Et quand il nous a fallu faire un choix, je l'ai fait, à ta place, pour éviter qu'une énième fois le sang qui coule dans tes veines n'ait raison de ton cœur.

Et si je t'écrivais de revenir. Là, maintenant. Si je te demandais de chasser mes maux d'un regard comme tu savais si bien le faire. *Reviens et enlace-moi. Redis-moi que j'en vaux la peine.* Parce que tu sais, je ne pensais pas que c'était si difficile pour les autres de me prendre la main et pour moi, de les laisser faire. Depuis toi, personne n'a été capable de me regarder droit dans les yeux afin que j'y lise ***"je n'irai nulle part."***

Alors, imaginons que ce soir, je me laisse prendre par cette folie et que je t'écrive, qu'un *« **reviens** »* se glisse entre les lignes. Ça serait effronté pas vrai ? C'est sûrement pour ça, qu'encore une fois, je vais simplement balayer du regard ton profil et me résigner à ne plus te lire.

Je l'ai quitté pour guérir
et maintenant
je ne pense qu'à ce soir
où j'aurais dû lui demander
si je pourrais revenir.

Tu le savais pourtant. Tu savais qu'il était de ceux-là. Il est de ces âmes qui vous chamboulent, vous bousculent, vous écorchent avec ce pouvoir sanglant de disparaître en vous laissant des larmes dans le corps, tant de cicatrices sur le cœur. Il est de ceux qu'on ne peut pas oublier, qu'on peut seulement espérer remplacer, ou pire, espérer retrouver.

Pourrions-nous parler quelques minutes ?

Juste le temps de prétendre que le ciel ne s'est pas écroulé, que je ne me suis pas effondrée. Faisons comme si tu ne m'avais pas brisé le cœur, revenons à l'instant où le monde reposait fermement dans le creux de tes mains et où mon oxygène planait sur tes lèvres.

Pourrais-je respirer quelques minutes ?

Alors parlons, viens, parle-moi de celle que tu es depuis, sans moi. Respirons ensemble pour mieux s'étouffer. Retrouvons-nous, pour mieux nous éprouver avant de se déchirer. Parce qu'on ne sait plus faire autrement, pas vrai ? Ça paraissait si romantique de se quitter pour espérer mieux se retrouver. Pourtant, un jour, l'un de nous ne répondra plus, il n'y aura plus de cet espoir d'un retour insolent, alors l'autre manquera d'air, pour toujours.

— *faites que ce soit moi…*

J'ai souvent peur
de leur parler de toi
parce que personne
n'arrive à saisir
comment tu as pu
autant me bousculer
alors qu'eux
arrivent à peine à me frôler.

Aujourd'hui l'amour est mort.

Ou peut-être hier, je ne sais plus.

Il y a eu un moment où je me suis vraiment demandé, si quelqu'un saurait être assez fort pour ne jamais lâcher ma main. J'ai même failli en faire quelques vers face à un verre de trop, mais je ne l'ai pas fait. Parce que la lune m'a murmuré que je n'avais pas besoin d'un prince charmant, simplement d'un brave chevalier. Je veux mon égal, qu'il sache se tenir droit à mes côtés, ni devant, ni derrière moi. Quelqu'un qui sache porter ses défauts à bout de bras et ses qualités en silence, sous le cœur. Je ne veux et ne serai ni un pansement, ni un corps que l'on utilise pour quelques décors, je serai importante, au point que l'idée de me blesser ou de me voir filer soit impensable.

En attendant, ils finissent toujours par me demander quel genre de fille je suis, comme s'il existait un manuel pour mesurer à combien je peux être moi. Alors, je leurs réponds que je suis de ce genre de fille qu'on ne saisit jamais vraiment, qu'on ne peut pas se permettre de nommer trop fort, pour laquelle on doit être dévoué, parce que je ne suis de celles qui gardent leurs murs avant d'être sûre que le chemin deviendra le sien, mais une fois que les murs s'effondrent, on ne sait plus arrêter le moindre cœur. Alors, cet amour entier, il faut le mériter.

J'ai repensé à lui sans que je ne puisse rien y faire. La défaite de voir que personne n'a su me tenir en haleine, attiser ma curiosité, m'intéresse réellement. J'ai repensé à lui. Il m'aurait sûrement demandé si j'étais naïve, désespérée au point de vouloir encore de lui. Le pire c'est que je n'aurais pas su quoi lui répondre. Alors, je me suis noyée dans les souvenirs de ce garçon d'antan. Le seul qui n'avait pas eu peur de me prendre la main.

Quand je l'ai quitté, le ciel s'est effondré. Parce que lui, même si nous n'étions pas égaux, m'avait et m'aurait attendue. Pour la première fois, je me suis rendu compte que mon cœur pouvait s'arrêter et que l'idée ne me dérangeait pas tant que ça. C'est là que j'ai réalisé qu'il réclamait un moment de répit, qu'aujourd'hui, l'amour était mort pour moi.

— *entre mes mains, il renaîtra.*

il n'y a jamais eu de nous
il n'y en a pas eu besoin
pour qu'il n'y ait plus rien du tout

— *fracture*

J'ai été ravie de chanter toutes les mélodies que tu trouvais grotesques. Et quand leurs paroles libéraient des pleurs, je me suis dit que si tu ne les aimais pas, c'était seulement parce qu'elles nous rendaient grotesques.

Effondrée par le poids du chagrin
un verre ou deux
pour contrer les larmes
ne plus savoir attraper une autre main,
déposer les armes
céder sous la peur du lendemain
et pourtant, retenir
que l'avenir n'est plus très loin…

Puis devenir ce soleil
qui atteste
que la nuit, jamais
ne s'éternise

— Ils vont bien ensemble, tu ne trouves pas ?

— Ils vont ensemble, mais ça ne suffira pas.

Ça ne suffit jamais.

— Regarde, elle a ce je ne sais trop quoi d'éteint dans les yeux quand lui a toujours le regard porté vers les cieux. Ils ne vont pas dans la même direction. Ils persistent à ne pas se lâcher, à se toucher sans s'atteindre. L'un a perdu le courage d'oser, l'autre ne cherche qu'à provoquer sa chance. Elle a des constellations plein la tête. Lui des épines plein le cœur. L'une veut garder les pieds sur terre, l'autre s'apprête à gagner l'univers. Ils sont ensemble parce qu'ils sont convaincus qu'ils ne peuvent pas en être autrement. Ils sont ensemble pour trouver l'amour de soi, ils se cherchent dans l'autre sans jamais se croiser, parce qu'ils pensent que seuls, ils ne méritent pas grand-chose.

— C'est fou, on dirait que tu l'as vécu.

— On s'apprête à le vivre, *trésor*. On est comme eux, on est ensemble, sans être bien.

Puis il y a, dans ces histoires qui ne font plus rêver, des moments où le monde se remet à l'endroit, où l'un des personnages ouvre les yeux et où l'amour vole en éclats. Un geste de trop, des mots trop gros…Qu'un regard et un *"je t'aime"* ne peuvent plus effacer.

— ***et heureusement.***

Il m'a demandé si j'allais bien, si son souvenir ne me pesait pas trop, puis a paru dérangé par ma réponse. Du bout des doigts, il a tenté d'attraper une de mes larmes en me demandant, une seconde fois, si j'allais bien. Son ton était devenu plus grave, comme si, entre deux sanglots, dans un sourire fugace, ma réponse devait à tout prix être différente. J'ai cru qu'il était frustré par le fait que la tristesse me rende plus emmerdante, moins charmante. Pourtant, il a souri avant de me dire : *"tu es jolie quand tu pleures"*. Comme la plus jolie des pleureuses, j'ai séché mes larmes et claqué la portière. Ma tristesse ne l'avait pas gêné, elle lui plaisait. Jamais il ne choisirait de me faire sourire quand il pouvait admirer mes larmes. J'aurais voulu lui demander pourquoi rire ne m'irait jamais aussi bien, mais l'enfant en moi a crié que nous n'avions plus le temps d'aimer la mauvaise personne.

Je suis désolée. Je suis navrée de t'avoir aimé en silence, d'être partie dans l'intolérance pour devenir cette femme si intransigeante.

Quand je te dis supernova, tu penses à une explosion cataclysmique, une confusion de couleurs et de lumière dans l'étendue noire. Un choc si puissant qu'il éclaire et met sur pause tout un univers. Depuis ici-bas, on suppose la naissance d'un astre. Tout là-haut, on célèbre la disparition d'une étoile…

     — ***Cette étoile, ce fût moi.***

C'est en regardant le livre
que mes larmes ont créé,
que je me rends compte
à quel point j'ai aimé…
Je me suis oubliée.

Le perdre a été la plus belle trouvaille
que la vie m'a offerte.

Il y a douze mois, j'écrivais ici comment je venais de perdre pied. Aujourd'hui j'écris toujours sur cette chute vertigineuse, pourtant je sais maintenant qu'elle n'est et ne sera que la première d'une longue liste de descentes à sensations fortes…

Je fais partie de ces grandes romantiques,
celles qui ne savent pas comment vivre
sans être un brin dramatiques…

La passion s'est éprise de moi, si fort que plus aucune conversation n'arrive à me tenir en haleine. J'ai troqué ma politesse contre un verre ou deux. Je dévie le regard quand les étoiles n'y sont plus. Personne n'a réclamé mon indélicatesse mais je ne sais plus jouer la comédie. Le temps me course, vite, il me faut écouter la femme en moi, qui se noie. Parce qu'elle sera encore là quand le monde m'aura oubliée.

suis-je la seule à ne plus avoir de voix ?
ou du moins, plus assez
pour savoir répondre à l'amour

je n'ai plus peur
de tomber
parce que je n'ai jamais été aussi belle
que depuis que je me suis relevée

— ***énergie féminine***

J'ai attendu l'amour,
j'ai goûté au chagrin
avant d'embrasser la paix.

— ***larmes du cœur***

L'habitude est une seconde nature

solitaire(s)

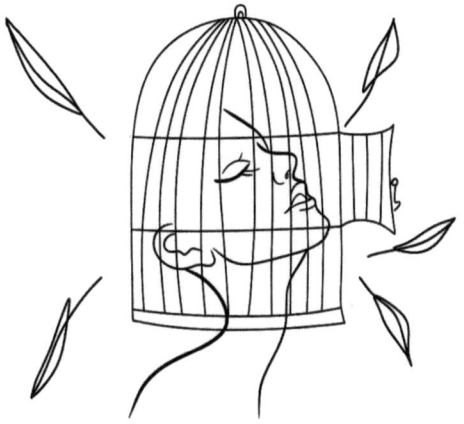

Maman m'a dit « prends ton envol », j'ai entendu « ne m'attends plus ». J'ai essayé de lui répondre que ça faisait déjà des années que je m'efforçais de voler, mais que jamais je ne décollais du sol. Puis je me suis terrée dans le silence. Comment dire à un parent que son enfant est plus douée pour voler en éclats que pour toucher le ciel ?

Un de mes amis m'a un jour écrit que des couples qui se forcent à s'aimer, il y en a trop, il vaut mieux se quitter et réapprendre à se rencontrer, à s'aimer. J'ai souri en le lisant. Je crois que c'est son âme d'écrivain qui m'avait parlé, ce jour-là. Dans ses mots, j'avais lu *« il y a tant de gens à raconter »*.

Souvent, je pense à ce qu'il m'a dit. Je le conçois. Mais tout au fond de moi subsiste l'idée qu'elle peut exister : cette flamme qui s'embrase, qui frétille sans jamais s'éteindre. Des cœurs qui s'entendent et s'aiment pour une éternité sans que les jours d'hiver ne paraissent difficiles. J'y crois. Je ne peux plus m'autoriser à me voiler la face, pourtant, j'y crois. Je me suis toujours préparée à l'éventualité que j'aimerais plus d'une fois dans ma vie.

Je n'en ferai ~~plus~~ pas une maladie.

J'ai eu à nouveau le mal de mer. Celui qui te retourne les entrailles autant que le cœur. Si proche du manque de toi. Je l'ai ressenti, ce vide dans ma poitrine. Ça faisait longtemps que je n'avais pas eu envie de crier aussi loin, de pleurer aussi fort. Démunie face à moi-même, je n'ai trouvé que le silence pour me comprendre, alors je m'y suis terrée parce que la finalité ne changera pas. Je reste seule face à sa chute. Ils diront avoir été là lorsque je me relèverai. Je sourirai en leur lâchant la main.

— Imagine qu'ils reviennent, ceux qu'on a été contraint de quitter en silence car nous ne parlions plus le même langage, ceux qui nous pensaient rayonnants alors qu'on avait déjà rejoint les ténèbres. Imagine qu'ils reviennent en pensant nous reconnaître.

— Ils n'oseront pas. On ne brillera plus assez fort pour qu'ils puissent en profiter, alors ils joueront la carte de l'indécence et nous celle de l'indifférence.

J'ai promis de rester sage. J'ai regardé droit dans les yeux maman en lui promettant de ne plus oublier mon âge. Pourtant, là, je foutrais bien tout en l'air. D'un revers de main, d'un battement de cil, j'enverrai balader toutes leurs exigences pour retrouver le seul langage de mon cœur fugace. Ça fait déjà trop longtemps que j'ai cessé de l'écouter. Comme l'adolescente rebelle que j'ai dû taire, faites que cette insolence d'autrefois me reprenne et me libère de ces chaînes.

« C'est pour ta sécurité. »
« C'est drôle, ça rime avec anxiété. »

— ***besoin de paix.***

Il y a toujours une lumière au bout du tunnel. Sinon à quoi nous servirait de vivre ? Maman disait que le malheur existait pour nous apprendre à apprécier l'arrivée du bonheur. Pourtant, tout ce que ça m'a apporté c'est la peur qu'il ne revienne jamais. Ce soir encore, le bonheur a plié bagage.

— *alors je l'imite.*

Le temps est passé. Rapide quand l'humeur était à la fête mais interminable quand je croulais sous la défaite. Je devrais être rassurée de voir cette année éprouvante toucher à sa fin, pourtant, j'ai l'impression écrasante que je vais retourner à la case départ, revivre cette chute de laquelle je n'ai jamais su me relever.

Plus on se rapproche de ces dates qui nous ont brisés, plus j'ai l'impression que je vais revivre la même épreuve. Comme si le temps allait effacer ces douze mois de lutte acharnée. Comme si j'allais me retrouver au point de départ. Si jamais ça arrive, promets-moi que tu ne remonteras pas le temps pour de nouveau me briser.

Pardon d'avoir déjoué mon avenir,
j'étais trop angoissée
à l'idée de voir mes rêves mourir.

Je me manque. Je ne sais plus où la grâce m'a quittée et où l'insolence m'a enlacée, mais je me manque. Souvent. Ensemble, entre élégance et impertinence, je n'aurai jamais manqué d'étincelles. De ce genre de flamme qui balaye les doutes puis ouvre la voie à la renaissance. Elle me manque, cette fillette qui rêvait de fouler l'Opéra, qui maniait avec aisance l'art de déjouer les règles, qui cherchait à voler comme une grande en pensant que jamais les projecteurs ne cesseraient de la suivre.

— *et la lumière…ne fût plus.*

Je crois qu'ils attendaient que je m'excuse, que je m'explique, mais je ne sais plus m'exprimer, je ne suis plus une très bonne amie. Alors j'ai seulement répondu que ça irait. Je ne me voyais pas leur dire que j'avais passé presqu'une année à jouer avec ma propre vie sans qu'aucun d'entre eux ne s'en aperçoive. J'ai préféré leur écrire que c'était ancré en moi, que mon essence était désormais empreinte de solitude. Ils ont soufflé. J'ai souri. Il y a eu des fois où j'ai été tentée de tout leur avouer, puis j'ai découvert que si j'étais celle qui écoute, je ne pouvais pas être celle que l'on écoute, alors je suis partie. Après tout, pendant cette année d'errance, je n'avais que ma propre main à retenir.

Je suis entourée de femmes fortes qui retourneraient l'univers si ça pouvait plaire à celui qui les aimera. Mais nous vivons dans un monde où le cœur bon ne résonne plus, seul le bon corps suffit.

Beaucoup de choses ont changé depuis quelque temps. Je ne saurais pas t'en donner la raison, si tant est qu'il y en ait une. C'est compliqué de savoir ce qu'on aurait pu se dire face à ces photos qui ne font plus rire. Mais je pense qu'on aurait pu s'écrire que ce n'est pas grave si l'on finit par se détester, tant que l'on ne s'oublie pas. Si je te le murmurais maintenant ça serait sûrement trop tard, *te souviens-tu encore de mon prénom ?*

Les étoiles ne parlent pas. Elles n'en ont pas besoin quand il s'agit de guider des milliers de cœurs errants dans la nuit. Elles nous surprennent par le seul fait de ne jamais s'éteindre. On voulait leur ressembler, tu t'en souviens ?

On ne parle déjà pas beaucoup et on ne sait rien faire d'autre si ce n'est parcourir l'univers avec un seul but : ***briller***. Briller si fort, que sans le vouloir, on encouragerait les autres à nous suivre.

Ils m'ont demandé combien de temps
Et je n'ai pas su leur répondre,
comment leur dire que j'en ai tant perdu ?

Le monde est incapable de me comprendre. Il peut simplement m'entendre. Il y en a eu, des hommes avec cette passion dévorante de m'effleurer sans m'atteindre, de me connaître sans me retenir. L'ardeur était telle qu'ils se sont enfuis, l'égo en cendres d'apprendre que je ne leur serai jamais acquise. Indomptable, je serai l'oiseau qu'ils ne pourront pas attraper ni même percevoir, seulement vouloir. J'ai sacrifié ma cage dorée le jour où la naïveté m'a quittée. C'en était trop pour que je reste cette flamme vive, fragile que l'on peut éteindre en un mot. Ça ne sera jamais assez pour m'apaiser, alors je m'enflammerai au moindre regard importun.

Puis il y a encore de ces moments… Ceux où l'on me replonge sous l'eau, où l'oxygène me fuit et où mon âme voudrait se taire. Dans ces instants où l'anxiété me noie, je t'imagine. Je te vois, une main tentant de contrer toutes celles qui me réduisent au silence et l'autre tenant un bouquet de tulipes. Depuis, dès que j'en vois, je me dis qu'il est temps de reprendre mon souffle, de retrouver la surface.

Écrire (v)ivre

(sur)vivre

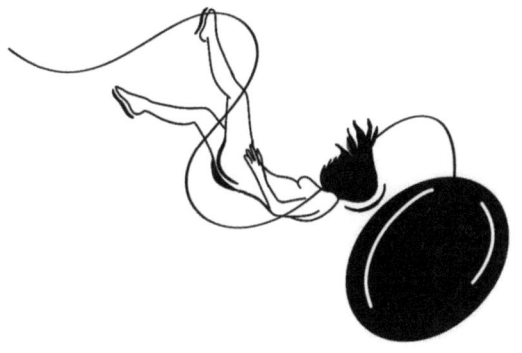

Écrire. C'est ma manière de pleurer. J'ai adoré partir sans un bruit, parce que ça m'a permis de garder l'intimité de crier sur le papier tout ce qu'il n'aurait jamais pu comprendre. L'indécence qui colore ma plume est telle, que s'il revient, je ne pourrai pas faire autrement que de brûler mon silence.

J'ai rencontré beaucoup d'écrivains et ai conclu qu'ils étaient tous différents. Il y a ceux qui s'inspirent de leurs émois, quitte à ne voir que l'amertume se glisser sur certaines feuilles. Puis, il y a ceux qui ne savent raconter que leurs exploits. Des cœurs en proie à d'autres joies. Ceux qui dansent avec l'espoir et ceux qui l'anéantissent d'un coup de plume. Moi, je ne sais pas écrire sur le bonheur, peut-être parce que je ne parviens pas à le reconnaître. Cette réalité m'a bousculée à l'instant où j'ai quitté l'homme que j'ai aimé plusieurs années. Pendant ces mois, je n'ai jamais cessé d'écrire. Mes carnets sont chargés de souvenirs. Sur certaines pages, des gouttes poursuivent mes lignes, ainsi j'ai saisi. Si le bonheur ne m'inspire pas, comment ai-je pu écrire autant quand je pensais être heureuse ?

Mes textes en sont la preuve vivante. Ils racontent tous les maux qui m'ont traversée lorsque l'amour m'a frappée. Et dire qu'il m'est arrivé d'être reconnaissante… Reconnaissante que l'amour m'inspire autant, alors qu'il ne faisait que saigner ma plume.

Dans ces histoires qui ne font pas rêver, il y a des moment où le monde se remet à l'endroit, où l'un des personnages ouvre les yeux et où un cœur vole en éclats. Un geste de trop, des mots trop gros qu'un regard et un je t'aime ne peuvent plus effacer. Alors j'ai plissé les yeux. Si fort que ma poitrine s'est déchirée.

Il y a un moment déjà que je ne sais plus quoi écrire. J'ai un livre de prêt quelque part sur mon bureau, un autre recueil de textes. J'ai aussi un roman à achever au milieu d'autres fichiers. Pourtant je ne fais rien pour les terminer. J'accuse l'inspiration, alors que c'est la seule qui ne m'a jamais lâchée. Si je ne les publie pas, c'est sûrement par peur ou parce qu'au fond de moi, je sais que je sème mes propres freins. J'ai encore du mal à écouter mon instinct, pourtant il me crie que je dois me livrer ici, dans ce livre qui n'en est pas un. C'est là que je dois retrouver le goût d'écrire avant celui de vivre.

Parce que chez moi, l'un ne va jamais sans l'autre.

On dit que pour écrire, il faut vivre. Qu'il faut avoir des choses à raconter. C'est sûrement pour ça que je n'ai longtemps rien eu à écrire, parce que je ne savais pas vivre. Pourtant moi, j'ai toujours pensé l'inverse. Je ne sais pas vivre sans écrire. Et je n'ai pas besoin de vivre pour trouver mes mots. Je me contente, comme sur cette page, de me rencontrer, d'apprendre à me connaître, à me reconnaître. Je m'affronte sur chacune de ces lignes. Parce que je sais que c'est ici que je trouverai les clés pour voler de mes propres ailes.

Ma vie stagne depuis un moment déjà. Je perds le contrôle. Plus personne n'arrive à me bousculer, à m'intéresser. Plus le temps passe, plus je me noie. Les éléments de mon existence défilent sur ma peau sans pouvoir m'atteindre.

Je crie à l'encre noire. J'exploite le pouvoir de tout homme qui taille sa plume ; celui de pouvoir donner une couleur à ses larmes, celui de se déjouer de ces lettres que nous transformons en armes, qui sera le prochain à devoir faire face à mes maux ?

Si la mer a porté en ses vagues un enfant, j'aimerais que ça soit moi. Je m'en veux parfois de ne me sentir vivante que lorsqu'elle me submerge ou que mon corps se soumet à son rythme. Je lui en veux aussi, de me renvoyer toujours au rivage alors que mes réponses dessinent son sillage. Quand je la retrouve, je fais toujours un vœu. Comme une fillette qui supplie son bienfaiteur, je lui promets que j'en serai digne. Mais finalement, que l'espoir ou le désespoir me prenne, je ne trouve qu'une issue : chez elle. Dans l'océan, que je sache où aller ou pas, ça n'a plus d'importance ; parce que j'y revis.

Il me dit d'écrire. Pourtant, il n'aime pas me lire. Il m'implore de ne jamais éloigner ma plume de sa peau. Alors qu'il est l'inspiration qui rythme mes lignes. Il m'a chanté la peur qui le consume et j'ai saisi. J'ai quitté un instant ma vie pour mesurer la tristesse dans ses yeux.

— Tant que tu écris, je sais que tu m'aimes parce que…

— L'un ne va pas sans l'autre.

Parfois je m'en veux de ne savoir qu'écrire. C'est tellement plus simple de trouver des gens qui tendent l'oreille plutôt que le cœur.

> — ***ils ne savent pas me lire.***

Un jour, il m'a dit que je ne savais pas écrire, que mes mots étaient risibles. Pourtant, il est resté là, à me lire. Un autre jour, il m'a dit que je ne savais qu'écrire, que mes mots étaient tragiques. Qu'il aime ou pas, il me lisait et me le disait. En plus de se dérober de ma vie, il guidait de son manque de tact, ma plume et ses moindres faits et gestes.

Parfois, je fixe ces pages blanches avec cette lueur d'espoir que tu m'as volée. Je regarde ces lignes qui ne m'appartiennent plus, qui me narguent. Je les fixe dans l'attente qu'elles me racontent une histoire moins triste. Mais mon carnet est toujours vierge parce qu'après tout, je ne sais que t'écrire. Dis-moi, combien encore m'inspireras-tu de livres ?

J'admire la magie qui coule dans les veines de ces âmes qui s'efforcent de prouver au monde qu'elles valent plus que ce qui leur est permis. Qu'en un baiser, elles peuvent incendier l'univers et le faire plier. Celles qui n'ont plus peur de faire de leurs voix des armes. Celles qui marchent la tête haute, la confiance en parfum et l'amour en rouge à lèvres. Celles qui n'hésitent plus à hurler, si ça peut sauver la vie de leurs sœurs.

— *femmes.*

J'ai trouvé un coquillage. Je l'ai à peine frôlé qu'il s'est cassé. Là, entre mes mains, j'ai vu le monde s'effondrer. Je ne l'imaginais pas si fragile. Pourtant, ça fait des années que l'océan peine à se remplir, que la terre ne sait plus semer, que la nature a choisi de s'abandonner… Entre ces éclats de poussières, j'ai pensé à ma vie et à ce qu'elle valait face à ce désastre. Elle vaudrait sûrement presque autant qu'un de ces trésors échoués qui finissent brisés à force de voir la mer mourir.

Un an plus tard, je n'ai pas bougé. Après être tombée, j'ai appris à me relever, à désirer le ciel tout en m'écrasant par terre. Il y a douze mois, j'écrivais sur la manière dont je venais de tout perdre, à commencer par toi, puis moi. Je pleurais à ne plus savoir entendre mon cœur. Puis, comme un cheveu sur la soupe, une larme dans un verre de vin, l'envie de vivre m'a caressée. Pourtant, je n'y trouvais pas de sens. Comme si j'avais fait le tour du globe encore et encore. Alors cette fois, je n'ai plus cherché à avancer, ni à t'oublier. Quel intérêt si le voyage ne se résume qu'à rejouer une chute infernale ? Je te le demande, quel intérêt y a-t-il à parcourir l'univers, en restant prise au piège de ma propre légende ? Je sais. L'histoire se répétera encore, au prochain amour, à la prochaine page. Dans ce cas, je n'en écrirai plus.

*— **besoin de reprendre son souffle.***

Je n'arrive plus à tenir une conversation qui ne me passionne pas. J'ai égaré ma politesse dans un verre ou deux. Alors je dévie le regard quand les étoiles n'y sont plus. Ils ne méritent pas mon indélicatesse, mais j'ai beau essayer, je n'ai plus rien à dire. Je ne sais plus écrire ni parler si ce n'est pas de toi.

l'art de diriger ma plume,
voilà tout ce qu'il me reste.

N'évite pas mon regard quand je te dis qu'on y arrivera. Crois-moi, on a tellement cherché les étoiles, qu'aujourd'hui ce sont elles qui nous pourchassent. Ne lâche pas ma main, pas après m'avoir poussée à rallumer l'espoir caché dans nos cœurs. Ne baisse pas les yeux alors que tu as toujours envié la beauté du ciel. Ne fuis plus. Troque ta casquette d'imposteur par celle d'acteur. Empoigne tes rêves et réalise-toi, parce que tu mérites ce monde et celui d'après.

j'ai perdu le goût de vivre
en me persuadant que moi,
je ne savais qu'écrire
jusqu'à cet instant,
où j'ai simplement annoncé
que je ne savais plus
ni écrire, ni vivre

Le temps joue contre moi. Bientôt je ne me souviendrai plus de la seule histoire qui a su me marquer. N'est-ce pas ironique ? Que la seule empreinte qui nous marque, soit la première à s'effacer…

L'audace m'a pris sous son aile. Depuis, j'ai laissé mes chaînes sur le seuil de la porte de mon premier imposteur. Il m'en voudra sûrement d'être partie si vite et de l'avoir pointé du doigt comme une mal éprise. Mais la mélancolie m'a libérée de ses excès de zèle.

Je ne veux plus m'envoler.

Précipiter ses départs quand il n'y a plus de place, vouloir rejoindre le ciel quand la terre ne nous veut plus, sentir son âme se fissurer avant de voler en éclats... J'ai volé une fois. J'aimerais dire que le calme m'a manqué, qu'être accrochée au sol m'a manqué. Pourtant, mes valises sont toujours dans un coin. Mon miroir porte cette cicatrice, née pour me rappeler que voler est la seule chose qu'il me reste.

Cicatrice(s).

J'ai une étoile posée sur mon cœur. Chacune de ses branches témoignent du nombre de fois où le ciel m'a rattrapée. Des marques aux airs de remparts, qui avertissent le moindre inquisiteur que le temps ne les effacera plus. Pile quand je me suis libérée, elles sont apparues. Comme si je pouvais m'éprendre, oublier ce que je risque et vouloir donner ce qu'on m'a déjà pris.

Je viserai toujours plus loin que les étoiles,
plus haut que les égos.
Sur un malentendu,
le monde ne pourrait qu'y croire aussi.

LE SOLEIL ET SES AMOURS...

Finissaient par me trouver,
Sans plus jamais me lâcher

— Tu penses que je suis la bonne personne ?

— Est-ce que tu veux être *ma* personne ?

je ne crois pas aux coups de foudre,
mais aux coups dans l'âme.
ceux qui te bousculent, te terrassent
avant de te faire connaître le ciel…

Elle sera bientôt là,
l'âme qui me rendra amoureuse.

    — *parce que je l'ai demandée.*

Il m'a demandé de faire un vœu,
alors je l'ai embrassé.

Le bonheur n'a pas de prix.
Qu'en est-il de l'amour ?

— Je pense qu'on s'est trompés de sens. Une énième fois. Nos retrouvailles ont dû embrouiller nos destins, parce que depuis toi, je ne m'y retrouve plus. Alors, je voulais savoir, sais-tu où aller quand tu quittes mes bras ?

— Oui, je m'en vais rejoindre les miens. Je m'aime du mieux que je peux, comme je l'ai toujours fait quand tu étais là et quand tu ne l'étais plus. Alors, je voulais savoir, penses-tu que cette fois tu sauras me garder contre toi ?

Je porte l'amour en rouge à lèvres comme l'on porte le bonheur en fard à joue. Faire de ma peau une œuvre d'art aux palettes de nos âmes. Viens, que nos corps jouent les peintres en inventant des milliers de nouveaux sentiments. Des nuances autres que ce rouge sang qui fait écho au désespoir que mon cœur cherchera à pomper, en vain, lorsque tu te lasseras et emportera toutes nos couleurs…

— il partira. ils partent tous, non ?

mon cœur vogue
dans un océan de souvenirs
et de sentiments
le courant est trop rapide
pour que je puisse reprendre mon souffle,
alors les vagues s'acharnent

J'ai un océan dans la poitrine.

Entre deux déserts, un océan s'est logé dans ma poitrine. Je l'ai su quand il m'a été impossible de le regarder sans avoir le mal de mer…le souffle coupé, la gorge nouée, les entrailles retournées, le regard nébuleux. Mon corps cherchait à retrouver la terre ferme, celle où l'amour ne nous menace pas, où nous sommes au sec, loin de ces vagues de larmes qui risquent de faire échouer nos âmes.

je me suis choisie
contre vents et marées,
je serai ma propre histoire…
le genre qui ne se termine jamais

Laisse-moi être libre sans pour autant m'oublier. Je veux pouvoir avancer en sachant qu'au moindre faux pas, tu me rattraperas. Je veux que ma confiance s'insurge lorsqu'on abuse de mon insouciance et qu'en réconfort mon innocence se réfugie dans tes bras. Je lutte contre l'envie de t'écrire, de suivre mon cœur sans pour autant trahir ma raison. Mais tu n'as jamais réussi à choisir entre m'aimer et me détester alors tu m'as lâchée dans un entre-deux où plus rien ne m'éloigne de nos adieux.

Je joue la carte de l'indépendance, sauf quand il s'agit de tourner la page qui me ramène à toi.

Alchimie : Ce qui nous consume avant de nous lier, ce qui nous contraint à la passion avant même le premier baiser.

je suis effrayée
par la force de mon amour
je suis sans retenue,
quand j'aime,
je me mets à nu

    *— **ne plus s'oublier pour un autre.***

et je serai ton océan
rien que pour rendre éternelles
tes larmes…

Je ne cherche plus à t'imaginer. Mais quand je m'y égare, l'univers tout entier me rappelle à l'ordre. Il fait pleuvoir des cordes sur les routes et des torrents sur mes joues. Des fleuves entiers ruissèlent sur mon visage, jusqu'à noyer l'orange du ciel pour mettre les nuages au défi. Un défi perdu par avance, car, contre les éclairs qui foudroient les cieux, je n'ai aucune chance de m'en sortir indemne. La foudre s'apprête-t-elle à me frapper ? Parviendra-t-elle à me punir d'avoir encore pensé à toi, à ton sourire, à ton amour devenu absence ? [1]

---

[1] Texte réécrit avec l'aide précieuse de Aïdan aka Moonicane (une plume à découvrir sans hésiter)

s'il existe des liens
qui ne se défont jamais,
il doit bien exister des âmes
qui ne s'en vont pas pour toujours

Elle guidait le monde en un regard. Les constellations elles-mêmes luttaient pour venir se perdre sur le grain de sa peau. Sa beauté ne pouvait égaler la grandeur de son âme. Elle avait le cœur sur la main, si bien que, quand il a failli lui échapper, l'univers tout entier a fermé les yeux de peur qu'elle ne puisse pas le rattraper à temps. Heureusement, *lui*, il était là. Quand il l'a retrouvé, elle avait l'air si heureuse…Plus leurs corps se rencontraient, plus elle se retrouvait. Sans le vouloir, il avait déposé les armes et ne vivait plus que pour chasser les larmes de cet archange tombé du ciel.

Et lorsqu'elle a voulu s'enfuir, rejoindre la voûte céleste, la lune s'est éteinte dans son dernier cri. Alors, ce fut à mon tour, de vouloir sauver un ange qui ne désirait plus que s'envoler…

— ***il voulait la rejoindre, alors je suis arrivée.***

La vie se veut si cynique
que lorsque mon cœur
s'enflammera,
le sien s'éteindra,
et ainsi de suite.

— *condamnés à ne jamais aimer sur le même rythme.*

je ne serai plus ce cœur à prendre,
ni à maitriser,
seulement à aimer.

Quand je le rencontrerai je saurai, j'aurai cette impression de l'avoir enfin retrouvé, j'aurai cette paix dans le cœur qui me murmura :

« ça y est, tu peux ouvrir les yeux ».

À cet homme qui m'est destiné :

« ne me fais plus attendre ».

C'est ce que je suis. Cette catastrophe sinueuse, contagieuse. Je suis cette femme qui nargue ses propres défaites, qui plonge la tête la première dans un océan sans eau. Ils me voient comme ça, comme cet astre qui n'est malheureusement devenu plus que désastre. Pourtant je suis toujours faite de ces astres.

Si je devais t'écrire, si c'était encore permis, je l'aurais sûrement avoué : je ne sais pas quel souvenir garder de toi… Je ne me souviens plus très bien qui j'ai aimé, qui tu es. Je ne me rappelle pas non plus ces non-dits qui m'ont autrefois brisé le cœur. Je voudrais regretter d'avoir aimé un imposteur, pourtant mon cœur refuse d'oublier combien il aurait voulu encore t'aimer.

Je ne savais pas que ça serait la dernière fois que j'entendrais ta voix. J'aurais voulu avoir un autre appel de toi, une conversation qui me rappellerait la première tout en me faisant omettre la dernière.

dans le regard d'un enfant,
on oublie souvent que tient tout un monde
alors un petit rien
devient un tout
et le monde s'effondre

trop habituée au silence,
j'ai perdu l'amour de la foule
et des rencontres
réveille-moi
quand la nuit les fera taire,
secoue-moi si l'hiver gagne

Je ne sais pas ce qui m'a rendue aussi à fleur de peau, ce qui m'a rendue si fragile alors que je m'étais habituée à l'indifférence. Tant et si bien que lorsqu'il m'a demandé d'arrêter d'être aussi sensible, je n'ai su que lui tourner le dos pour cacher une larme ou deux. J'aurais voulu boire pour oublier, aimer pour me quitter. Mais je n'ai su que me perdre dans l'ivresse de ne plus savoir comment vivre. Je n'ai plus le temps de culpabiliser d'être devenue cette femme. Je ne suis pas un objet que l'on peut réparer et tant pis si, à leurs yeux, ça fait de moi quelqu'un de faible. Aux miens, je resterai cette guerrière qui parfois, trouve ses meilleures armes dans ses larmes.

— *forte à sa manière.*

Tu es arrivé dans ma vie d'une manière si prévisible et pourtant si impromptue. Tu m'as écrit avec assurance que l'on s'était toujours connus. Tu n'as jamais semblé hésiter. Quand, notre lien me dépassait, toi, tu l'acceptais, tu l'assumais assez pour deux. Tu m'as prise dans tes bras en me demandant pardon de ne pas être venu plus vite, plus tôt. Tu t'es pointé dans mon cœur avec cette aisance insolente, comme un homme qui récupérait seulement sa place, son dû. *Mektoub*. C'est ce qu'on dit non ? Ainsi soit-il. Je t'aime.

j'ai des papillons dans le ventre
quand mon encre
s'ennuie de ne plus savoir
dépeindre l'amour

j'ai le regard vide,
le cœur qui palpite,
le corps avide

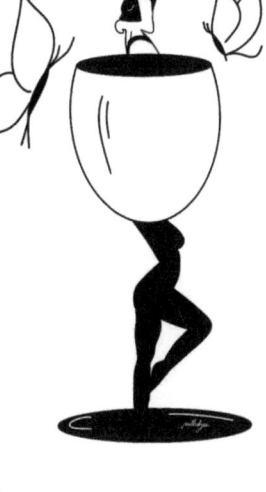

une de ces nuits
où mon âme toute entière
se prépare à l'arrivée
inattendue
de cet inconnu
décidé à reprendre la place
qui lui est due

— *besoin d'un verre.*

— Je sais que j'ai perdu ce droit de revenir dans ta vie quand il me chante, mais je voulais m'assurer que ça allait. Parce que tu sais, si ça ne va pas chez toi, tu as encore ta place chez moi. Cet endroit où je peux te rappeler les nuits où on luttait ensemble pour ne pas perdre espoir, où tu t'acharnais à me dire que ça valait le coup de ne pas abandonner, de croire en la vie même quand il ne restait plus que des cendres. Alors les soirs où tu penses que ça n'ira plus jamais, appelle-moi, écris-moi. Nous ferons comme si nous ne nous étions jamais quittés. Nous serons seulement ces gens qui s'accrochent l'un à l'autre. Le temps de quelques lunes, nous chercherons une nouvelle raison de briller. Et dès l'aurore, nous imiterons ces étoiles qui fuient le jour, on évitera de peu nos quotidiens bancals, puis on se dira adieu jusqu'à la prochaine nuit sans espoir.

— Tu as toujours su avoir les mots quand mes maux menaçaient mon avenir. Merci de ne jamais vraiment quitter ma vie. C'est le bordel sans toi, sans tes milliers de certitudes à propos de moi. Je t'appelle dès ce soir. La journée me paraît déjà moins éprouvante.

et quand les papillons s'envoleront
sans nous laisser le moindre souvenir,
que nous restera-t-il ?

— Qu'attends-tu de moi ? Comment je peux te prouver que je t'aime à ne plus savoir quoi en faire ? Je n'ai jamais eu autant à donner, apprends-moi, à t'aimer de la meilleure des manières.

— Tu sais, quand un verre se brise, le monde se tait. Les regards s'agitent à la recherche de celui qui ne pourra jamais réparer de tels dégâts. Moi, je veux que dans ce genre d'instant où la musique s'arrête, dans ces silences où nos vies perdent leur sens, où le désespoir nous enlace mieux que l'espoir... Je veux que tu me fasses danser. Voilà seulement ce que j'attends de toi. Je veux que lorsque leurs mondes se suspendent, le nôtre ne cesse jamais de vibrer. Peu importe la mélodie, le silence, peu importe le désastre ou les autres astres. Qu'il pleuve ou qu'il fasse soleil, reste près de moi. Et quand je te donne l'illusion de vouloir rompre la valse, rattrape-moi, retiens-moi, rappelle-moi à quel point notre monde brille. Que tu me détestes ou que tu m'aimes à la folie, ne lâche pas ma main, jamais. Fais-moi danser. Jusqu'à ce que le ciel soit contraint de se joindre à la mer. Peu importe, si l'univers semble mourir, tant que nous continuons à danser, à s'aimer.

PS :
tu vois,
moi aussi,
je t'aime
à ne plus savoir quoi écrire…

et si le ciel arrive à vivre sans toi,
à être toujours aussi surprenant
sûrement que moi aussi j'y arriverai

— ***adieu***

Merci.

Je dois te dire, merci. Merci d'avoir lu un peu de moi, un peu de mon histoire. Merci d'avoir fait confiance à ma plume, à la couleur de mes maux. Merci de t'être laissé toucher, porter, emporter par mes lignes. Sans toi, rien n'aurait eu de sens. Mes mots seraient restés là, mourants, dans un tiroir sombre. Alors merci, de me donner l'opportunité de donner vie à mes rimes et d'en profiter pour survivre aussi.

Si le cœur t'en dit, tu peux me soutenir en parlant de mes livres, en partageant ton avis. Tu peux d'ailleurs me retrouver et m'écrire sur Instagram *@coeurcupid* ou encore m'écrire par mail *milledya23@gmail.com*. J'ai toujours plaisir à te lire et à échanger sur mes livres.

Et comme je l'écris toujours : puisque l'écriture m'a sauvée, peut-être qu'elle te sauvera aussi.

À BIENTÔT...

Comme l'on chute de plusieurs étages avant d'atterrir dans une mer sans fond, l'écriture a été une bouée de sauvetage, une manière de regagner la surface, de réapprendre à faire confiance à la vie.

Découvre mon premier livre : **<u>Crève-cœur</u>**. Un recueil de poésie autour de l'amour, de la rupture, du manque et de la guérison…

« Ce n'est pas mon livre. C'est le nôtre. »